아름다운 여정

아름다운 여정

초판인쇄 | 2009년 5월 29일
초판발행 | 2009년 6월 8일

지은이 | 이 필 정
펴낸이 | 서 영 애

펴 낸 곳 | 대양미디어
주 소 | 서울시 중구 충무로5가 8-5 삼인빌딩 303호
전 화 | (02)2276-0078, 0067
팩 스 | (02)2267-7888
등록번호 | 2-4058

ISBN 978-89-92290-23-4 03810

값 10,000원

이필정 詩集

아름다운 여정

대양미디어

책머리에

2년여 바쁘게 지냈다.
요즘은 어렵게 살고 있다.
이 두 개의 문장보다
더 절실한 표현은
경황없이 살고 있다는 표현이
더 적절한 것 같다.
그래서
2년 전에 마음먹었던
네 번째 시집이
1년을 지각,
이제야 탄생했다.

시집 제목을 『아름다운 여정』으로 삼았다. 정했다고 하지 않고 삼았다고 하는 표현에는 내 나름대로 아픔이 깃들어 있기 때문이다.

즉 시들의 내용이 '아름답게 살았다' 라는 내용이 아니라 '아름답게 살고자 했다' 라는 역설적인 뉘앙스의 차이에서 나의 괴로움이 숨어 있다는 것을 감히 나타내고 싶기 때문이다.

나는 시만 쓰고 살고 계시는 분들을 이번만큼 부러워 한 적이 없다.

어쨌든 이분들은 얼마나 행복한가를 여러 번 되뇌며 살

았다.

어쭙잖게 벌여놓은 나의 사업, 그 물리적인 진행이 부딪치고 깨어지고, 부서지는 소리를 2년 동안 계속 듣고 살지 않을 수 없었던 삶의 형상, 그 시련 속에는 사회적인, 제도적인 정황보다는 사람들이 내 뿜는 독소, 그 입김들이 질식 일보 직전까지 나를 내 몰고 있었다.

그래도 그 역경 속에서 소생할 수 있었던 것은 내 내면에서 시혼들이 꿈틀거렸고 나의 존재를 시의 리듬에 맞출 수 있었던 기적 같은 의지가 나를 지탱시켰던 버팀목이 되었다는 것을 고백하고 싶다.

1년에 한 권씩이라는 바람은 사라졌지만 한 해를 더 견뎌서 탄생된 이번의 작품들이 지나간 시집 속의 시들보다 다소 거칠다 해도 그래도 내 삶의 근간을 흔들었던 괴로움들이 더 짙게 녹아나 있어 나로서는 더 이쁘다.

이번의 『아름다운 여정』을 탄생시켜 주신 대양이디어 서영애 사장께 또 한 번 감사를 드리며 그리고 이 시집을 또 읽어주실 독자께 뜨거운 사랑을 전한다.

| 차례 |

2부

3부

4부

1부

새벽에 봄맞이

기다림은 봄이 안고 있는
그 향기로운 소식 속에 있다

고향역 포장마차

고향역 포장마차엔
아직도 무쇠난로
그리운 이의 가슴처럼
장작불이 활활 탄다

30촉 전등은 침침해도
난로 속에 불타는 겨울은 따뜻해
들어서는 손님마다 정겨운 마음들
그 마음들이 막걸리 잔에 부딪친다

추위도, 얼어붙은 마음도
녹여버리는 이 고향역 포장마차
무쇠난로에 활활 타는 장작불은
누런 주전자에 내뿜는 수증기는
고향의 향수.

이 별

살아온 세월만큼
굽은 허리
굽은 허리로 걸어가는 노인을
애처롭게 내려다보는
개나리
담장위에 개나리 덩굴

노인의 어깨에도
봄이
담장위에 개나리에도
봄이
맴돌던 홀씨가 내려앉은
무덤가에도 봄이 익어
홀씨가 할미꽃 되었구나

이제는 범나비도 춤추는
아쉬운 내 고향을
어이 떠나랴
떠나는 아픔 어찌 달랠까.

가을 엘레지

여름내
무성했던 삶의 뒤안길
무성했던 수풀이 그러했듯
모두가 푸르름 속에 살았어도
이제는 낙엽 지는 계절

꽃씨만 남기는 꽃들 따라
매미소리도 저버렸고
이제는 가을을 울리는
귀뚜라미들의 노래
그 전령에 가을이 무르익는다

장마에 시달렸던
전답들도 이제는 평화
하늘이 조용히 눕는 들판
일렁이는 황금물결
그러나
너와 나의 가을엔
우수의 바람만 불고
스산한 사연만 남아
낙엽 지듯
아픔만 남아.

핑크빛 내 사랑은

꽃이 있기에
웃음이 있기에
사랑이 있기에
행복이 있습니다

내 하나의 사랑은
잠시 집을 떠나서도
다시 보고 싶어지는
당신이 있기에

그리움이 있습니다
가슴 뜨거움이 있습니다

오래오래 간직하고픈
핑크빛 내 사랑은
꾸밈없는 깊은 마음
언제나 내 곁에 있습니다

구름 한 점 없는 당신은
오늘도 내일도 내 사랑입니다.

까치소리

아침안개 자욱한
새벽
아파트 앞 지붕 위에
두 마리 까치
부부까치가 까악 깍각
아침을 연다

한줄기 샛바람 속에 까치 부부
그들이 전하는 새 소식과
새 손님을 알리는
청소년 문화센터 앞마당
인라인 타는 아이들의 질주
이 아침의 활기
까치는
까치 부부는
우리 집에 활기의 전령사
우리 집에 새 바람
그리고 희망의 전령사이다.

바다로 가 버린 도시

달에 띄우는 편지 한 통
그 바다, 그 등대의 밤풍경은
달이 받아본 편지
그리고 그 바다가 좋아
도시도 바다로 가버렸다

달에 띄운 편지 한 통엔
도시를 떠난 도시 때문에
바다의 여름은 무거워졌고
오히려 고독하다고
바다에 이르른 도시에
밤이 다가와
불이 켜질 때
그래도 바다는
파도로 부서지고
바람 때문에 거칠어진다
밤이 짙어지면
달에 띄우는 한 통의 편지 속에
바다로 떠나버린
도시의 이야기가 한창이다.

바람소리

바람,
바람은 불 따름이다
바람 속에 꽃씨들은
이제
방황을 시작한다
바람소리엔 방향이 없으니까

꽃씨 떨어지는 그 때에
꽃씨 떨어지는 그곳에
그 바람 속에서
그 소리 속에서
우리는 입맞추었었다.
그때 우리는
아침에 서있었고
뭇 새소리에 열린 하루에
빛나는 하늘을 맞이했었다

바람소리에 빛나는 하늘
우리들 가슴은 타올랐지만
애당초 그곳은
바람이 스쳐갔던 곳
우리도 바람소리처럼 헤어졌었지.

프롤로그

시작은 언제나 보랏빛
산 그림자도 보랏빛
그 빛 안고
솟아오른 봉우리들
큰 애기 젖 몽우리마냥
수줍은데
어느새 진달래꽃
진달래꽃 시샘하듯
산수유 꽃등 되어
불 밝히는 산봉우리들
이제는 모두 푸르른 날을 향해
들길에 돋아나는 풀잎들의 합창

밭 갈고 씨 뿌리면
새 생명 천지에 가득 솟아오르고
연두빛 산들바람
이랑사이로 파고들겠지

풀잎 휘도록 달 밝은 밤이면
꽃밭에 나가
꽃향기에 취하고
달빛에 취하여

밤새워 들길을
뒷짐지고 서성이며
새벽을 기다리리라.

눈꽃

신선의 도포자락인가
하얀 모시적삼 곱게 차려입고
능선을 선연히 드러낸 설봉

영롱한 눈꽃을 피우는
하얀 세상 눈부셔라
산줄기는 몸 낮추어 흐르고
그 아름다움에 머리 숙여진다

서설을 업고 선 소나무
풍상의 세월 잠시나마 잊으려
꼼짝 않고 서 있다

무뎌진 가슴속으로
찬바람이 파고들어
깃털로 자란 몸을 깨우니
구름사이를 혼백이 떠돈다

어리석은 사람이 서설에 마음 주면
지혜로운 사람이 된다는
설화에 마음을 실어
가슴에 묻어둔 우주를 연다.

어지러운 세상

유흥가에는
유흥에 물든 남자들
남자를 유혹하는 매혹의 무리
원색과 본능과 유혹이
난무하는 이곳은
남자도, 여자도, 거리도, 건물도 비틀거린다

걷잡지 못하는 욕망들은
제어되지 않는 욕구들은
지나가는 바람도 타락시킨다

오색 네온에 휩싸인
술꾼, 춤꾼들로
비틀거리는 이 거리에는
내일이 꺼져버렸다.

이름 모를 그대 뜻을 따라

이름 모를 그대가
새벽 뜨락에
무대를 차려놓고
저렇게 부름을 청하니
그 소리 달빛에 묶여
이슬이 맺는가
깊고 깊은 그대마음
내 마음의 뜨락에 파고들어
단잠을 깨우고
현악의 선율 받으란다

단아한 그대 목소리
거절할 수 없어
혼자 새벽을 울리는
곱고도 청아한
새벽의 전령이 되어
현악의 현을 울릴 때
힘차게 일어나
이름 모를 그대 뜻에 따라
영광의 닻을 올려야지
승전보의 기쁨을 전해야지.

한강의 기쁨

새벽안개를 열고
눈뜨는 강에
가슴속 한줄기 빛으로 서면
부리로 새벽을 쪼던 새
일출의 여울에
아침을 낚아 올린다

누군가
물위를 스치면 물의노래
풀을 흔들면 풀의 노래
구름을 잡으면 구름의노래
석양 노을에 금빛으로 다가와

내일 또 그 내일에도
부식되어가는 도시의 신음소리
강물은 그 신음도 머금고
그 아픔도 품고
오히려 깊은 체념으로
그 몸을 추스리고
쉬지 않고 흐르네.

영원한 사랑

사랑은 불꽃으로 번져
산 정상에서 들판으로
푸른 잎 불태우며
가슴을 여물게 한다

말없이 솟은 산과
고요로 누운 들처럼
오래오래 보아도
사랑은, 사랑은
포근한 입맞춤이런가

꽃잎에 휘날리는
참지 못할 사랑은
하늘 날아오르는 열정에
바람과 함께 바람 끝으로
한없이 한없이 휘돌아가고
그리고 사랑은
영원을 품에 안고
되돌아온다.

개망초

그 꽃
가을바람에 살랑이면
고뇌에 찬 우리네 사랑도
세월만 한탄하네

억새꽃
바람에 출렁이면
무지한 인간 일깨우려는 듯
가을의 신명들이 열매는 맺는다

청옥의 하늘을 우러러
나무들, 나무마다에는
가을을 여위는 열매들이 영롱하다
섭리에 떠밀러 떠나는 가을
가을의 옷자락에
그리움이 가득 담겼다
잔물결 일렁이는 호수의 물결처럼
떠나는 가을.

새봄맞이

밭둑길을 걷다가
소곤대는 꽃다지 웃음소릴 들었네
양지바른 쪽으로 갓 피어난
냉이 꽃의 웃는 얼굴도 보았네

수액을 머금어 꿈틀대는
나뭇가지 사이
앙증맞게 상냥식을 올린 비둘기 부부
사랑 세레머니 펼치네

봄의 생동으로 가슴을 풀자
산새들 포르르 포르르 숲을 깨우고
아기 진달래 눈 비벼
햇살도 맞이하고 바람도 불러
꽃 잔치 펼친다

벌, 나비 꽃술에 얼굴 파묻고
사랑의 미로 속삭이는 날
나도 이야기 해 주어야겠다
너희들을 가슴에 품었다고.

꿈과 고추잠자리

쪽빛하늘 아득히
날아오르는 고추잠자리
꽁무니에 꽃 등불 달고
하늬바람 뒤쫓아 날으는 뜻은
살랑살랑 몸을 흔들며
곡예하는 고추잠자리의 뜻은

채마밭 고춧대에 매달려
가을 햇살 머금고
새빨갛게 얼굴 붉힌 고추
대롱대롱 종을 치니
놀란 고추잠자리
이제 또
하늘로 비상한다
하늬바람 따라 뜻을 좇아
하늘로 솟아오른다

이제 나도 고추잠자리
바람아
내 꿈을 실어 나르고
바람아
내 날개가 새 세계를 향해
날고 솟구치게 하렴.

가고 싶은 곳 밀양

'넓은 벌 동쪽 끝으로
옛이야기 지줄 대는
남천강이 휘돌아 나가고
얼룩배기 황소가 해설피
금빛 게으른 울음을 우니'
옛시인의 시가 살던곳
얼이 살던 이 고을
아지랑이 스물스물 피어올라
내 설움을 달래던 곳

영남루 본각을 중심으로
좌우에 능파각과 침류각을 거느리고
위엄한 자태로
유유히 흐르는 강물의 은율을 즐기니
녹아내린 햇볕에 몸을 감춘 은어들
파르르 파르르 물살 가르며 여행을 즐기던 곳

영남루 산성에 올라
밀양시내 내려다보면
이 마을은 물위에 떠 있는 요람 같았고
옛 선비 한 결에 지금도 살고 있는 듯
금빛으로 일렁이는 강물에

아랑낭자 사랑 이야기 품고 흐르는 그곳
꿈엔들 어찌 가고 싶지 않으랴.

나물장사 할머니

새벽바람 헤치며
걸어온 할머니
이제는
이른 태양 그 햇살을 깔고 앉아
텃밭에서 뽑아온
나물, 나물들을 펼친 늙은 할머니
오가는 사람들의 인심 부르는
눈과 웃음으로 사람들을 불러서
거친 손으로 건네는 나물들은 덤이 절반

이제는 해도 졌건만
이제는 저녁이 되었어도
그래도 못다 넘긴 채소 속엔
할머니의 걱정이 수북하다
"떨이요", "떨이!"
목쉰 소리,
할머니의 목쉰 소리.

봄

내 발걸음은
축대 위
한들한들 늘어진
개나리꽃 눌러쓰고
사뿐히 걷는다

눈부신 햇살은
개나리에 부딪쳐
찬란하게 빛난다

왕곡동 포은 율곡아파트단지 둘레는
노오란 보석으로 치장하고
봄이라고 떠들며
꽃바람 휘날린다

이렇게 좋을 수가
꽃내음, 꽃웃음,
내 가슴에 번져 스미는데
씨앗 깨어나는 그 소리로
내 앞날도 환하게 깨어난다.

2부

꽃 속의 상념(想念)

꽃과 달과 바람은 사랑을 잉태하고
그리고 그리움으로 남는다

나의 작은 소망

벚꽃들이 일제히 꽃망울 터뜨려
하얀 눈꽃 잔치에
웃음 섞인 소란함이
공기를 간지럽히는 봄날

보도블록 틈사이 비집고 일어난
민들레
숱한 발자국 소리 가슴에 안고
피어나는 노란 미소

나도 당신 발밑에 들꽃으로 피어
작은 얼굴 내밀고 미소 지으며
그늘진 얼굴에 향기로 피어나고 싶다

나의 노래, 나의 사랑은
민들레 홀씨처럼 실바람에 날려
소외된 뜨락에 내려 앉아
그늘진 얼굴에 작은 미소로 피어나고 싶다.

봄바람

앙증맞은 꽃들이 자지러지게 웃는 이봄
꽃 속에 봄 속에 서있는 나의 등을
바람은 내 등을 밀고 있다

공기마저 푸르구나
봄 실어오는 바람이
내 얼굴을 스친다
이 찰나에
봄은 나를 전율케 하고
벅차게 한다

꽃망울 터지는 소리
씨앗 깨어나는 소리
그리고
알레그로의 발 디딤처럼
햇살이 내게로 다가온다

오늘은 나도 봄이다
봄 속에 깃들인 이 행복에
나도 깃든다
봄 속에 깃들인 희망에
나도 깃든다
봄바람 속에서…

꽃반지

햇살에 매달린 꿈
클로버 잎 사이 비집고 올라온 꽃망울
이 모두는
들판에 꿈틀대는
삶의 기초 아닌가
솟아오르는 희망일 수도 있다
꽃반지 끼워주던
꽃팔찌 채워주던
꽃목걸이 걸어주던
그 소꿉친구도
내 삶의 기초이려니
연푸른 정맥이 손등에
돋아나던 어릴 때
우리들 숨결
그 추억 또한 순수하다
이제는 그 기초들이
나를 반란의 터전에서
바로 세웠고
하늘을 향해 팔을 벌리고
힘겨운 사파도 견디고
사막 같은 현실에
생명의 뿌리, 뿌리내리게 하는
힘이 아닌가.

달맞이 꽃 속에 담긴 아픔

붉은 태양이 바다로 빠져들기 전
하늘과 바다가 하나 된 노을길
그 벅찬 감동에 젖어
긴 시간의 상념을 헤아릴 때
어느새 달뜨고 달맞이꽃도 피어서
모딜리아니의 그림처럼 목을 길게 내밀고
달빛과 속삭이는 밤

빛바랜 흑백사진처럼
퇴색해 버린 시간을 바람에 날려 보내고
신기루 같은 옛 추억을 달맞이 꽃 속에 담고
내 가슴에 응어리진 아픔을
그 아픔들을 여의지 않으려고
밤하늘 별빛 같은 아쉬움이
여울진 그리움으로 달그림자 밟고 섰다.

계절의 갈림길

가을하늘은
흰 구름도 흐르고
깨어질듯 푸른 창공이
한없이 치솟을 때
아, 나무마다
가지마다에
사과도, 감도, 배도, 밤도 열리어
늦가을을 알린다
햇살은 바람과 어울려
이파리들마다에서
흔들리며 빛난다
바람도 햇살과 어울려
나무를 타고 오르고
서쪽으로 달려가
강물에 불타는 노을을
출렁일 때
산정을 넘어 떠나는 철새들
자취를 감추면
그 산을 되넘어 오는
초겨울 시린 바람은
계절의 갈림길을
헤맨다.

안보

철책선 따라 핀 패랭이꽃
미소로 반기는 휴전선
우리는 중부전선에서 안보를 배운다
주절이 내리는 장마비가 철모에 부딪친다
그날에 그 비로 발걸음들이 무겁고
열리지 않는 휴전선에 마음이 무겁고
바라보이는 북녘 땅은 깊은 침묵에 잠겼네
무슨 사연인가 하늘도 울고
한탄천은 그 흐름이 어둡다
하지만 물고기들은
헤엄쳐 남북을 가리지 않는구나
뼈에 맺힌 이곳의 세월
아련한 그리움들은 더 절박한데
철책에 박힌 무심한 돌덩어리
처절한 전쟁의 이 흔적
이제는 비극을 막으려는
병사들의 눈매가 예사롭지 않다
패랭이꽃, 메꽃은 속절없이 피어
통일만을 염원한다.

수줍은 하루

쥐똥나무 서 있는
담장 안에서
아낙네의 웃는 웃음소리
방정맞게 뒷담을
넘나드는 그 주막에
막걸리에 취한 취객들
그 붉은 얼굴에 저녁노을이 탄다
어느새 서산 넘은 태양
어느새 달이 뜨고
달빛아래 도라지꽃이 폈는데
선녀의 옷자락인가
도라지꽃 꽃잎사이로
사라졌던 첫사랑이…
손사래 치며
달아났던 첫사랑이…

나그네 달

아득한 들녘에
아득한 아지랑이
이 봄날에는 꽃들이 피어납니다
불어오는 이 바람에
꽃들이 흔들립니다
바람이 지나는 길엔
어느새 어둠이 찾아들고
나그네 옷자락을 흔들어 댑니다

이제 달빛 환한데
달빛도 꽃들 속에 잠겨 봅니다

나그네가
하늘을 볼 때
그 눈길 끝에
큰달이 매달려 있습니다.

가을편지

해질녘 먼 들, 어스름이
내 눈 안에 들어서면
곱게 단장한 들녘이
온통 황금물결로 눈물겹습니다

말로 글로 다 표현할 수 없는
사라의 정감과 행복
내 가슴속의 눈물겨운 인정을
당신은 아시는지요

해지는 풀섶에서 울어대는
풀벌레들 울음소리 따라
오솔길이 열리고
먼들 끝에서 살아나는
불빛을 찾습니다

내가 가고 해가 가고 가을이 가고
꽃이 피는 작은 흙길에서
저녁 이슬들이 내 발등을 적시는
이 아름다운 서정의 결실을
당신께 안겨 드립니다.

어린 날 그 소묘

어린 날 나의 봄 언덕에
언제나 꽃들이 만발했고
벌, 나비 떼 바쁘게 날았다

어린 날의 내 눈동자엔
늘 아름다운 꿈이 담겨 있었고
그 꿈은 꽃님같이 화려했고
별빛처럼 찬란했다

어린 날의 수없는 바램들
그 어설픈 기억들 속에
상처받은 사랑, 고독
눈물 등 모두가 아름답다

어린 날의 돌팔매질
동녘의 내 고향
꽃향기 그윽한 언덕들
그 언저리에 머물러
지워지지 않는 고향으로
그리움이 달려간다

철없었던 시간의 엮음 속에

그래도 투명했던 영혼은
무구한 그림을 그렸고
간절한 마음을 모아
바램을 기구했던
그 소망을
별들은 알리라.

왕곡천 작은 음악회

백운산 맑은 정기가
왕곡천에 흘러
바위 사이사이로 흐른다
산책하는 사람들을
이제 피어나는 꽃들이 반기고
정다운 이들을 불러
신 벗고 들어오라 손짓 하는가
한 쌍의 피리가 화답하는 연주이듯
물보라 튕기는 왕곡천에 취한다

우리 마음, 흐르는 물에 어리어
맑게 게이어 밝아지고
스치는 바람 수면 위에서
한 폭의 산수화를 그릴 때
작은 음악회 열리고
통기타 맞추어 부르는 노래들
가는 걸음 멈추고 손뼉 치며
가락 맞추는 행복한 공연
우리는 모두 벗이 되어
미소 속에 마음 맞춘다

세상의 어지러움 벗어 버리고

초록빛 짙어가는 백운산 그림자도
벗되어 드리운 이날
왕곡천에 흐르는 물
저녁노을에 빛난다.

사랑과 봉사

내가 베푼다는 것
그것은
마음에서 시작됩니다

사랑으로 만남으로 정성의 마당에
따뜻한 말한마디는
마음의 행복, 그 약속이지요

고행의 인생길에 지쳐
허덕일 때 누군가가
금모래 가득담은 반짝이는 손길로
등을 다독여 힘을 심어 줍니다

아카시아 꽃내음이
내 곁에 내려와 서성이던 날
푸른 잎 가득한 가지마다에
바람이 스칠 때 기쁨이 스칠 때
밝은 웃음들이 퍼져 나갑니다

함부로 흘릴 수 없고
함부로 버릴 수 없는
마음 깊은 곳에

자리 잡은 나의 봉사
내 사랑을 발견할 때라야
베풂의 뜻이 살아납니다.

봄이 찾아오는 길목에

봄이 찾아오는 길목엔
산천의 껍질을 찢고
새순이 돋아나는데

봄이 찾아오는 길목엔
내 가슴속에도
움츠린 마음이 열리어
새순이 돋아나는데

봄이 찾아오는 길목엔
우리네 고향에도
아지랭이 피어올라
새순이 돋아나는데

봄이 찾아온 날에
강산을 덮어
화창한 진달래는 피었는데

삶이 벅차 멍에 진 사람들은
봄도 벅차 마음 졸이며
꿈에서라도 그리운 이 만날 바람에 잠긴다.

산에 오르니

구름이 산자락 끌어안고
놓을 줄 모르는 것도

풀잎 솟아나고 싹트는 것도
꽃피우고 열매 주렁주렁 매달고 있는
세월도

발아래 유유히 다투지 않고
바다를 향해 흐르는
강물도

옹기종기 모여 있는 마을
서로서로 부둥켜안고 돌아가는
작은 길도

산에 오르니
꿈속에서 헤매이며 찾던
그리운 세상이
눈앞에 환희 펼쳐지네.

동생의 죽음

어릴 적 뛰어놀던
뒷동산의 묏동
다소곳이 빛나고

길 아래 논배미
언 손 호호 불며
잡아내던 미꾸리

마당 끝 돼지우리
새끼돼지 귀여워
빡빡머리 들이밀며
뛰어 돌던 개구쟁이

어릴 적 그 추억
어이 두고 구천으로 떠났을까
눈물이 펑펑 쏟아진다

같은 시간 속에 넣어두어도
어떤 것은 사랑이 되고
어떤 것은 죽음이 되듯

너를 보내고 몸부림치다

일어나지 못할 만큼의 비감(悲感)에
젖을 때
꽃은 가장 조심스럽게
혼자 진다.

백운호수가 보이는 언덕에서

백운호수가 보이는 언덕에서
민들레 꽃씨 허공을 날고
속살 고와 자주빛인 할미꽃도 피었다 지고
오늘따라
강물의 물결도 사납게 되채이고
바람도 스산하다
그리고 내 마음도 허전하다

비린내 퍼지고
물안개 퍼지고
아픔도 퍼져가 가는데
햇빛 사이로
외로운 독수리 한 마리 맴을 돌아
독수리 그 위에 맴도는 영혼은
구천을 헤매어 갈 곳을 찾는다

머리 위 까치 한 마리
숲 속으로 들어가자
푸른빛 까치 한 마리
숲 속에서 나오네

부평초 떠돌이 인생 하나가

교각 밑 자리 펴고
콘크리트 하늘만 쳐다본다.

아름다운 주검

살아가는 동안
비에 젖은 시간들은 꺼내어 햇볕에 말리고
엄동에 언 시간들은 볕에 널어 녹인다
인생은 공수래 공수거(空手來 公手去)

아무 욕심 없이 살다가
후회도 미련도 없이 죽어가는
풀잎 같은 인생
주검들은 저렇게 아름다운 것인가

저 바닷가 한자락
검은 바위와 푸른 물에
순백의 물감이 되어 그림을 그리는
자연의 신비

아무 거리낌 없이 살다가
무서움도 아쉬움도 없이 죽어가는
꽃구름 같은 인생
주검들은 저렇게 아름다운 것인가

하찮은 인생길
정든 님은 어딜 가시려고 버선발로 신발 신는가

저기 묵밭은 잡초만 무성한데
주검들은 저렇게 아름다운 것인가.

봄바람

동쪽에서 부는 바람도
따뜻한 봄바람이요

서쪽에서 부는 바람도
따사로운 봄바람이요

남쪽에서 부는 바람도
생긋한 봄바람이요

북쪽에서 부는 바람도
향기로운 봄바람이요

내가 일으키는 모든 바람이
봄바람이었으면
내가 맞는 모든 사람
행복할 것인데

동방에도 봄바람을 보내고
서방에도 봄바람을 보내고
남방에도 봄바람을 보내고
북방에도 봄바람을 전하는
희망의 전령인
봄바람으로 살고 싶다.

3부

흔들리는 일상(日常)

계절을 여의는 것은
늘 아쉬움이고 그리고 아픔이다

오메기 고갯길

밤이면 별빛으로 빛나고
아침이면 햇빛 밝혀 화안한
오메기 고갯길은 작은 금강산
희망의 고갯길

귀로도 들리고
눈에도 들리는 바람결
감미로운 태풍은 내 몸을 감싸고

그때
내가 소년이었을 때
이 고개에는
만국기처럼 잠자리 떼가 날아
나의 설레이는 꿈을 꾸게 날아
꽃잎처럼 내 가슴에
새겨졌고
그 만국기처럼 화려한 날개들은
쉬지 않고 팔락였다

폴, 폴랑 폴랑 뛰어
솟아오르는 밝은 태양을 가슴에 안고
소원하나 들어 달라고 두 손 모으고
기원했던 오메기 고갯길.

코스모스의 미소

아름채 앞뜰가득
가만히 떠올린
동그란 미소
엷게 받쳐 입은
분홍빛 고운 적삼
찬이슬 머금은
수줍은 몸짓
사랑의 순한 눈길
안으로 모아 모아
순수한 노인들의
동그란 미소
코스모스를 닮았네
살아온 세월만큼이나
깊게 패인 골
활짝 펼쳐진다

꽃잎 속에 잠긴
꿀벌들
노랫소리 절로 흥이 나고
꽃 위에 수줍은 미소
고사리 손으로 턱 받치고
떠날 줄 모른다

가만히 떠올린
동그란 미소는
코스모스를 닮았네
해맑은 웃음은
내 곁을 떠날 줄 모른다.

내 고향은

나는 그리움의
한 잎 이파리 되어
고향으로 흐르는
강물에 뜬다
출렁이며 뜬다

나는 한 마리 나비가 되어
그리움에 불타는 나비가
침묵으로 높이 치솟은
산으로 올라
산위에 올라
멀고도 먼발치의
아스라이 고향을 본다

목숨의 근원이요
삶의 근원인
고향생각에 잠긴다
뒷동산에 알밤 주워 비비던 다람쥐
앞동산에 오솔이 싸리꽃 그늘에 숨죽이던 곳
곱게 단장한 황금들판
풍요한 인심만큼 한가롭다

앞마당 삽살개
오동통 살 오른 장닭과 숨바꼭질하고
살짝 열린 사립문 틈으로 쥐들이 넘나들던 곳
내 몸속으로
오솔길이 트이고
길 끝에 열리던 환한 고향은 어디로 갔을까
정겹던 내 고향은 어디로 갔을까

수원성 사람들

성곽 따라 팔달산에 오르면
성곽 주춧돌 하나하나 오래 묵은 혼백들이
낙타 등처럼 꿈틀댄다
새로 단장한 이정표
정조의 영혼이 알 수 있을지
한줄기 소나기에 억새꽃무리 고개 숙인다
굽이굽이 산책로 곁으로
구중궁궐 여인네의 한복차림
여인들이 드라마를 촬영삼매에…

힘겨운 일상에서 돌아눕는 성벽
침묵은 곱게 쌓은 돌 아래
효성이 내려진 동네가 모여 앉아
병풍처럼 펼쳐진 성곽을 향해
언제나 정조의 효심을 되새긴다

밤이면
효성이 지극한 정조와 그를 따르는 혼령들이
술렁거리는 소리를 내겠지
성 아래 사람들은
이를 본받아 삶의 지표 그리고 자랑으로 살아간다.

개발의 시작

태양이 느릿느릿
오봉산을 넘을 때
그냥 가던 바람도
되돌아오고

뒤편의 백운산
하루의 마지막
햇볕을 쪼이고

길 아래 버려진 집터
누가 무엇으로 살았던 자리인지
비었던 곳에
풀꽃이 피어있다

이제부터 세상
변화의 구도는
이 풀꽃에서 시작된다.

모락산을

왠지 가슴이 시리도록 쓰라리고
까닭 모를 불안이 덮치거들랑
모락산을 바라보자
마음에 평온 찾아들게

누군가 사무치게 그립거나
뭔가에 쫓기는 기분이라도 들면
모락산을 마시자
마음에 평온 찾아들게

어느 날
짜증이 덕지덕지 쌓이거나
무슨 일이 있거들랑
아니 아무 일이 없더라도
오르자 모락산을
마음에 평온 찾아들게

바라보아도 바라보아도 기쁨 찾아오고
마셔도 마셔도 숨이 차지 않고
올라도 올라도 닳지 않는
그 모락산을 가슴에 껴안자

혹시
모락산을 볼 수 없는 곳에 있거나
사는 게 고달프기라도 하면
모락산을 가슴에 그려보자
마음에 평온 찾아들게
행복 찾아들게.

하루의 시작

아침 햇살 머금은
연초록 나풀대는 나뭇잎 사이로
황금빛이 내려앉는 공원
빛바랜 운동복을 입고
벤치에
재재대는 새소리 들을 때면
마음이 편안하고 맑아짐을 느낀다

꽃잎가득 아침이슬 품은 야생화
탱글탱글 물방울 굴리면
산들바람에도
잔물결 되어 일렁이는 잔디밭

체조 삼매에 빠진 여인의
팔 휘젓는 힘찬 소리에
활기차게 깨어나는
나의 하루
그 하루에 깃들인
내자유의 호흡이
새로운 가치로 치닫는다.

바위틈 야생화

비바람 몰아치는 바위틈
해변가 절벽일지라도
뿌리내림 하는 야생화
선명한 꽃 색깔 향기 품었어도
바람 불고 외진 곳 살아
벌과 나비 만나기 어렵구나

어쩌다
귀한 손님 만나면
매력 한껏 발산할 때면
꽃의 고운 색깔 짙은 향기로
종족의 대를 이어갈
생명의
몸부림 갸륵하구나.

자연속의 맑은 영혼

빛은 소리로 들려오고
소리는 빛으로 보이는데 산다
처마 끝에 매달려 잠자던 목어(木漁)는
바람이 불어오자 풍경소리를 울리며
산의 적막을 깨치기에 바쁜 시간
바람도 합장하고 떠나는 대웅전
죽비소리
지친중생의 어깨를 깨우는 시간
스님의 발우가 깨끗하게 비워져 있다
맑게 비우는 것도 수행이란다
더 갖지 않고 비우는 것으로
인연 따라 떠나보내는 것이
맑은 삶이란다
종도 깊게 비어야 더 멀리 맑게 울린다고
부처님 법문처럼 말한다
자연 속에서 나고 자연 속에서 살다가
자연 속으로 돌아가는 것을 누가 막으려는가
머무름도 없이 가고 오는
끝없는 생명과 빛을 수용하는 영원은
새로운 천지에서 깨어나 시공을 초월한다
하늘과 별, 산과 바람소리, 그리고 달빛은
더 없이 가까운 벗, 가냘픈 신호기

풀잎에 맺은 이슬 구르는 소리를 타고
사계절은 흐른다
삶과 죽음은 밤과 낮의 변화 속에
찾아오는 또 하나의 자연과의 인연
마음비우고 맑은 영혼으로 살아야
자연 속에 묻힐 수 있을게다.

바위 구절초

백두산 천지 바위틈
아슬아슬 발 딛고
꽃 봉우리 맺고
해 따라 고개 돌리는 바위구절초
꽃잎으로 활짝 꽃들로 피었다가
꽃다지 끝나면
하얀 꽃이 되었어도
나비도, 벌도
날아들지 않는다
그래도
노란 국수발 꽃씨를
한껏 품었어라.

강아지풀

소슬 바람에도 나부끼지만
바람 불지 않으면
일제히 고개 쳐들고
일제히 허리 펴는
그 장관
무수한 강아지풀들
가을 들판의 왕자
그들의 지개 앞에
자리뜨기가 힘들구나.

변산 바람꽃

살랑대는 봄바람에
변산 바람꽃이 너울너울 춤춘다
흰 꽃잎 다섯
암술, 수술 품어 안고
서해 변산반도
환한 웃음으로
오가는 이 반기니
이 보다 더한 정감
어디서 느낄 수 있으랴.

봄의 전령 복수초

앙상한 가지들, 나목들을
늦겨울 떠나는
찬바람이
후려치지만
그래도
오는 비는 봄비
산 계곡 잔설녹이는
봄비,
봄비 속에 복수초에는
샛노오란 꽃이 피었네
얼음 스친 칼바람에
파르르 떨고 있구나
아 생명
너의 그 강인함에
숙연해지는 내 영혼.

만리화

봄 햇살에 더더욱 생기 넘쳐
도도하게 고개 쳐든
너의 당당함을
어느 누가 탓할 수 있으랴
개나리 수줍음을 채근하며
제 잘난 맛에
고개 바짝 들어
하늘을 향해 꽃피운 너는
세상 모두가 네 것인 양
착각에 빠져 있구나.

꿩의 바람꽃

이별이 두려운 것은
짐의 고통을 잊지 못함이라
너를 잊지 말라고
흰색 빛으로 곱게 단장한
열두 잎 순결
끝까지 지키려무나
아네모네
너의 고결한 그 자태,
그 바램은 바람으로
영영 그대를
사랑할 수밖에 없는
꽃말이라네.

히어리

알알이 흩어진 햇살인양
짙푸른 하늘 아래
송이송이 매달린 황금빛
귀에 매달린
귀걸이였으면 좋으련만
나뭇가지에 알알이 매달려
이제나 저제나
님 만날 날 헤아리네.

노루귀

빨간 꽃 피우기 위해
웃자란 풀들 사이에서
고개 쳐들었고
나무등걸 사이사이에
비춰드는 햇빛 찾아먹고
그리고 진홍색 꽃피우자
시들어버린
노루귀,
노루귀야
세상살이가 그리도 싫터냐
잎 모양 노루의 귀를 닮아
노루귀라 했건만
아기노루 태어나기도 전에
어딜 가느냐.

머위

옹기종기 모여 핀 꽃들이
신혼부부 부케인양
가지런하네
새봄
누구를 맞이하든
여린 잎은
쌉싸름한 맛으로
겨우내 지친
입맛을 돋게 하네.

봄꽃 편지

겨울 한 가운데
봄으로 가는 손님 한분이
바람을 이고 간다

바람이 울음보를 터트려
울고 가는 고개 넘어
어느 날 불쑥
산수유가 살아 돌아왔다

깜짝 놀라 고개를 들어보니
겨울이 눌러 앉아 놀다간 자리에
여기 저기 죽순처럼
돋아난 봄, 봄, 봄
봄이 우뚝 서 있었다

지독스레 괴롭히는 겨울을 업고
스스로 겨울을 견디는 일이 버겁더니만
개나리 진달래가 피어 현기증이 난다

아지랑이 아른거린
들녘의 봄을 읽기가
하루 반나절
반나절이 걸렸다.

4부

겨울로 가는 길

겨울은 '아름다운 여정'을 지키는
사고의 터전이다

베란다 꽃밭

햇살이
숨어들더니만
연산홍 꽃잎도
난초 꽃잎도 입 벌리고
햇살을 붙잡고 놓을 줄 모른다

봄을 기다리지 못해 찾아든 햇살
꽃잎에 쪼그리고 앉아
철리향 꽃향기에 취해
나른한 하품을 한다

우리 집
베란다에 숨어든 햇살
활짝 핀 꽃에 반해
겹겹이 걸터앉아 웃고 있다.

오늘의 뉴스

한차례 꽃 전쟁
몸살을 앓더니만
대지 위 나무들
진초록 물감 속을 자맥질한다

꽃잎에 맞아 가슴 푸르른 새들의 지저귐
새소리에 놀라 사랑을 꿈꾸는 풀들이
지금 모두 일어선다

한줄기 바람
어쩌다 싸리나무와 눈이 맞더니
엉겁결에 꽃눈이 되어버린 오늘
머리위로 새 한 마리
봄노래 부르며 나르자
그 봄소식을 담은
호외처럼 한 장의 구름이 흘러간다.

봄맞이

여울소리 바람에
햇살이 건너오고
꽃향기가 건너오는 사이에
적막이 한 겹 되어 걸터앉는다

겨우내 움츠렸던
나뭇가지에 수액이 뿜어져
숨고르기를 시작하고
매화꽃 봉우리 한껏 부푼다

양지바른 언덕아래
참새 떼 모여앉아
보글보글 찌개를 끓이는
한낮의 열기가 저녁을 맞는다

이 조용한 봄날은
여인의 마음을 부풀게 하고
부르름을 기다리는
여인은
꽃단장하고…

바위의 비밀

바위가
물을 먹는다는 것을
이제야 알았다

바위가
숨을 쉰다는 것을
이제야 알았다

바위가
꽃도 피우고 사랑도 나눈다는 것을
이제야 알았다

바위는
보이지 않는 뒤편 귀퉁이에
파르스름한 이끼를 가득안고 비밀을 간직한다

바위틈에
비집고 발 내린 소나무 한 그루
당당하게 버틴다

이 소나무 가지에 가끔 산새들 날아와
온갖 세파소식 지저귈 때

재롱떠는 다람쥐는
바위 위에서 두 손을
비빈다
다람쥐 재롱 내려놓고 떠난다

바위는
늘 한곳에
서 있는 것만이 아니었구나.

정월 보름달

휘영청 밝은 보름달이
내 이마에 걸렸다
오늘 보니까 달님도 무척 늙어 보인다
눈가에 주름이 몇 개 보이고
달빛 사이로 흰 머리카락이
언뜻언뜻 흔들린다
매일 펄펄 끓는 햇님 뒤에서
더러 마음 다치는 일도 있는가 보다
우리가 살면서 종아리 걷는 일도 있는 것처럼
하늘에도 회초리 들 일이 있나
툭하면 별이 떨어지고
뚝하면 비가 떨어지는
하늘나라에서
뜬 눈으로 밤을 지새우다
잠이 모자라 지쳤는가
두 손 모아 비는 소원 거절할 수 없어
마음도 쇠약해지고 얼굴도 야위었는가

이제라도 잠시
그대의 근심,
그대의 걱정을
구름 속에 던져버리고

구름 속에서 늘어지게 잠을 자고
밝은 마음, 휘영청 보름달로 떠올라
고뇌에의 사람들 소원을 들어주기를…

산비둘기

산비둘기는 노래하는
시간이 따로 있는 것 같다

이슬 따라 노래하든가
바람 앞세우고 노래하든가

아니면
님 따라 노래하든가
사랑 따라 노래하든가

산비둘기는 우는
시간이 따로 있는 것 같다

이별 따라 운다든가
마음 따라 운다든가

아니면
허기져 운다든가
가슴이 서글퍼 운다든가

산비둘기가 노래하고 우는 것은
꿈 따라 노래하든가

미련 따라 운다든가

산비둘기가
노래하고 우는 것은
인간처럼
기쁨과 슬픔이 있기 때문 아닐까.

새 생명의 포옹

5월은
앞산에도 뒷산에도
꽉 찼다오
계절의 여왕답게
5월은 푸르른
녹음으로 가득하오
이제는 가로수의 그림자,
그 그림자가 포도위에
가득하다
무수한 가지에
넓어진 무수한 잎새들

포도위에 가득한
가로수들의 그림자들
그 위에 푸르름, 푸르름

이 새로움과 신선함들은
처질대로 처져 지친
내게
활력의 샘으로 솟아오른다.

가을을 타는 나무들

나무들은 가을을
타는 게 다른가 봅니다

저마다 옷 입은 색깔이
다릅니다

저마다 옷 벗는 소리가
다릅니다

옷 벗는 나무가 하루가 다르게
많아졌습니다

산들의 속살이
보입니다

계절의 지나감과 다가옴을
확연히 보여주는 순간입니다

제 한 몸에서도 시시각각
순서를 지키는 가을나무는
어찌 보면 인간을 가르치는 스승과도 같습니다.

황사 쓴 백운산

나는 고된 삶을 뒤로하고
백운산을 오른다
그 정상에서 백운산과
키를 맞춘다
발아랜 전쟁터도
보이고
숨진 영혼들도
보이고

그리고 발밑엔
오늘따라 무수한
슬픔들이 깔려있네

산에 사는 나무들
그 새순에도 온통 진딧물
산자락마다에
통신 레이더에
백운산은 어깨가 짓눌려
솟아오를 수가 없다

황사띠가 머리를 휘감고
허리에는 철탑이 박혀 피가 흐른다

짓밟힌 백운산이
개벽하기 전에
포효하기 전에
우리는
이 산을 살려야 한다.

연(蓮)

연잎은
하늘로만 귀 열어놓고
하나님의 말씀 듣는가

늪 짚고 물위에 떠
아직도 들어야 할 말씀
하늘만 향하여 귀 열어놓고 있는가

별빛에 일렁이며
아직도 여쭈어야 할 말씀
바람 결 같이 많아 하늘만 바라보는가

늪 속에 발 담그고 서서
빙그레 웃으시던 그 말씀
바람일까, 별일까, 물에 뜬 풀 한 잎

꽃 한 송이 피워 올려
자비와 사랑 알려주고
해맑은 미소로 하늘을 안고 있다

오늘도 하늘만한 귀 열어놓고
세상을 덮고 있다
세상의 번뇌 덮고 있다.

참 사랑

여울목에 바람 잦아들면
벙그러진 순정들이

시골 아가씨
꽃향기 봄향기에 불려나가

바구니에 가득
봄나물을 채운다

호들기 꺾어 불며
다가서는 총각

살며시 손을 잡자
시골아가씨는
농촌마을 사랑의 수를 놓고

대 이은 삶의 아픔
고목마다 새겼다가

어머니 밝히던 등잔불로
봄을 여는 참 사랑 이룬다.

꽃샘추위

매화꽃망울 한껏 부풀어
터질듯 숨고르기 할 즈음
겨우내 땅속 잠자던
여린 새싹 대지를 밀치는 순간

얄미운 꽃샘바람
진눈개비 몰고 와
새움들을 매질한다

수줍은 꽃망울
나뭇가지 붙잡고 바들바들 떨고
대지 위 돋아나던 여린 새싹
숨죽여 움츠린다

새 생명이 잉태하는
아픔과 고통
시샘하는 꽃샘추위에
마음마저 멍이 든다

험한 세상 살아가려면
이런 아픔과 고통쯤
참고 견뎌야
새 희망이 찾아온다.

눈 덮인 겨울산

눈이 펑펑 쏟아진다
멀리 솟아난 큰 산
그리고 봉우리들에도
눈이 펑펑 쏟아진다
크고 작은 나무들은
축제처럼 흰 눈꽃잔치를 벌이겠지

내가 사는 이 마을
겨울로 얼어붙은
이 동네에도
흰 눈이 펑펑 쏟아져
아픔도 덮고 고통도 덮고
눈물도 덮는다

산도 들도
이 마을도
붉은 노을이
백설에 부딪쳐
오히려 찬란하다
내 가슴을
설레게 한다.

내 정원은

빗방울이 풀잎에 튕기면
꽃줄기 돋아나고
연이랑 토란잎에 들면
구슬로 구르고
어느새 천지는
나무들의 푸르른 녹음으로
뒤덮인다

나의 정원에도
곰삭은 계절의 시침이 가리킬 때
꽃봉오리 꿈 맺은 꽃나무들의
꽃 잔치 벌이고
꽃들이 져버려도
그대도
푸른 나무들은 그득하네

그래 정원은 늙을 줄 모르고
늘 푸른 세월의
한가운데 서서
계절을 앞지른다
젊음으로 산다

혼자만이 늙어갈 뿐
세월을 탓할 뿐
늘 푸른 세월의
한가운데 서 있는 나

내 정원은 언제나 봄이다.

남당리 할머니네

비린내 나는
남당리
할머니네 집

세월만큼이나
굽은 허리
쪼글쪼글 주름진 얼굴

냄비도 세월을 먹어
검게 그을린 노년

물 한 사발 담아
팽이버섯, 대파, 무
보글보글 끓어오르면

새조개 샤브샤브
쭈빗쭈빗 일어선 속살
입안에 살살 녹아든다

통통하게 살 오른 새조개처럼
낙조의 햇님도
봄기운 받아

상기된 새색시의 얼굴
바다 속에 얼굴 묻으면
어슬렁 어슬렁 어둠이 밀려온다

어둠 속에
잠기는 바닷가 작은 마을
그 마을에도
옹기종기 오색등불이 밝다

마을 밖
할머니네 집
할머니의 꿈은
오늘도 새색시처럼
수줍다.

그 섬에는

그 섬에는
친구들이 산다
검게 그을은 그들의 어깨가
거친 바다위로 치솟으면
바다도 활기에 넘친다

오가는 뱃고동 소리에
그들의 삶을 맞추면
드높은 파도소리 그 교향악에
그들의 우정을 맞추면
바다도 기쁨에 넘친다

눈부신 햇살 속
그 바닷가 언덕에
피어나는 꽃무리
밤이 오면
성기는 무수한 별들의 잔치

그 섬에 사는
나의 오랜 친구들
그 친구들…

가을바다

몇 잔 술에 흔들리는 마음
흔들리는 발걸음을
바닷가 방파제
위에서 멈춘다

해 저문 가을저녁
지평선 너머에서
불어오는 바람은
바람은
고뇌에 찬 내 생각들을 식히고
방파제를 휘돌아 지평선으로 달아난다

또다시 솟아나는
어지러운 상념에
내 마음은 어지럽다

석류빛 노을이 흐릿해져 오면
허름한 선술집에서
바닷술에 취해봐야겠다
마음 예쁜 누가 찾아올지 모르니까.

고향 가는 길

곱게 내려앉은
봄볕이 툇마루 끝에
속삭이며 졸고 있다

강아지
뜨락 봉당에 누워
봄볕을 쪼이고 있다

삼월을 안고 부는 바람
옷깃을 차게 스치며
가슴속을 넘나든다

어느 해나
이맘때가 되면 쑥국 생각이
고향 곁을 떠나지 않는다

덜그덩 덜그덩
소달구지 타던 기억은
더없는 향수에 젖게 하는
고향의 그림

회랑 샛길을 따라가다 듣는

몇 마리 토종닭의 홰치는 소리는
고향이 부르는 아련한
메아리.

◇후기◇

『아름다운 여정』에 대한 작은 생각

이 원 철(시인)

'신은 인간으로 발전하지만 인간은 신이 될 수는 없다' 라고 아우구스티누스는 말했다.

독일 신학 속에는 다음과 같은 말이 전해지고 있다.

'흘러나온 것은 존재하지 않는다. 그것은 완전한 자 이외에는 존재를 갖지 않는 우연이며, 광휘이며, 반사이다. 그것은 진정한 존재가 아니어서 그것은 태양과 같은 광원(光源)이 없는 곳에서는 존재할 수 없다.'

청연(靑演) 이필정 시인이 이번에 엮어서 묶은 『아름다운 여정』의 시 속에, 위에 인용한 두 가지 문장이 시사하는 의미가 내포되어 있음을 나는 강하게 전달받았다.

즉 '청연' 은 자신은 결코 신이 될 수 없고 그 경지에 이를 수 없다는 것을 누구보다도 특히 절실하게 깨닫고 있다는 사실을 시 속에 농축시키고 있다.

'청연' 은 이를 데 없이 겸손한 자세로 살기를 원하기에 신이 자기를 통하여 발현되기를 원하기에 다음과 같은 노래를 부르고 있다.

즉 '프롤로그' 의 내용 중

……

밭 갈고 씨 뿌리면

새 생명 천지에 가득 솟아오르고
연두빛 산들바람
이랑사이로 파고들겠지

풀잎 휘도록 달 밝은 밤이면
꽃밭에 나가
꽃향기에 취하고
달빛에 취하여
밤새워 들길을
뒷짐 지고 서성이며
새벽을 기다리리라

이 시인은 새 생명에 자기를 맞추려는 간절한 바램과 신이 자기 속에서 어떻게 발현하는가 새벽을 기다리며 이를 시에다 담고 있다.

'꽃반지' 에서는

햇살에 매달린 꿈
클로버 잎 사이 비집고 올라온 꽃망울
이 모두는
들판에 꿈틀대는
삶의 기초 아닌가
솟아오르는 희망일 수도 있다
……
나를 반란의 터전에서
바로 세웠고
하늘을 향해 팔을 벌리고

힘겨운 사파도 견디고
사막 같은 현실에
생명의 뿌리, 뿌리내리게 하는
힘이 아닌가.

인간 존재의 무위를 '청연' 같이 이처럼 이쁘게 물어보는 시인은 그렇게 많지 않다.

그는 '아니다', '그렇지 않다' 로 가지 않고 '무위가 아니지 않는가?', '무위의 현실이 어떻게 이렇게 아름답고 신비로울 수가 있는가?' 를 물어서, 그 물음을 시혼으로 계속 불태워가는 과정 속에서 붙잡을 수 없는 존재의 모든 것의 뿌리를 찾아내고 있다.

'청연' 은 '새 생명의 포옹' 에서

5월은
앞산에도 뒷산에도
꽉 찼다오
……
포도위에 가득한
가로수들의 그림자들
그 위에 푸르름, 푸르름

이 새로움과 신선함들은
처질대로 처져 지친
내게
활력의 샘으로 솟아오른다.

막스 밀러는 '독일인의 사랑' 에서 '자기가 스스로 사랑하고 있다는 것을 아는 사람이 아니고서는 사랑을 받고 있다는 것을 모른다' 라고 말했다.

이 말은 새삼스럽게 내세울 필요가 없는 너무나 보편적인 것이다. 그러나 이 당연한 사실에서 벗어나 살고 있기에, 밀러는 그리고 '청연' 이필정 시인은 그의 시에서 간곡히 노래하고 있는 것이다.

즉 '가로수의 그림자' 는 결코 푸르지 않다. 그러나 푸르른 나무가 있기에 그 그림자도 푸르름을 품었다는 것이다.

그와 같이 현실에 내던져진 자기가 처질대로 처져 있어도 그 자기의 내면을 푸르름으로 장식하겠다는 의지와 사랑을, 노래로 승화시키고 있다.

'가을을 타는 나무들' 에서 '청연' 은

나무들은 가을을
타는 게 다른가 봅니다

저마다 옷 입은 색깔이
다릅니다

저마다 옷 벗는 소리가
다릅니다

옷 벗는 나무가 하루가 다르게
많아졌습니다

산들의 속살이
보입니다
……
……

순서를 지키는 가을나무는
어찌 보면 인간을 가르치는 스승과도 같습니다.

'청연' 은 '봄', '여름', '가을', '겨울' 을 두 바퀴 돌아 『아름다운 여정』을 탄생시켰다.

그는 이 사계를 두 바퀴 도는 동안 나선형으로 그의 의식과 가치와 그리고 시혼을 승화시키고 드높이고 있음을 뚜렷이 드러내고 있다.

점차 그 시들이 무르익어 가고 있음을 '가을을 타는 나무들' 에서 느낄 수 있어 반갑고 고맙다.